中华经典
诵读本
第一辑

菜根谭

简体横排
大字注音
全本收录

谦德书院○编

团结出版社

© 团结出版社，2024 年

图书在版编目（CIP）数据

中华经典诵读本.第一辑/谦德书院编.一北京：
团结出版社，2024. 11. — ISBN 978-7-5234-1194-0

Ⅰ. K203-49

中国国家版本馆 CIP 数据核字第 20249Z01J3 号

责任编辑：王思柠
封面设计：萧宇岐

出　　版：团结出版社
　　　　　（北京市东城区东皇城根南街 84 号 邮编：100006）
电　　话：（010）65228880 65244790
网　　址：http://www.tjpress.com
E-mail：zb65244790@vip.163.com
经　　销：全国新华书店
印　　装：天宇万达印刷有限公司

开　　本：145mm×210mm　32 开
印　　张：27　　　　　　　　字　　数：350 千字
版　　次：2024 年 11 月 第 1 版　印　　次：2024 年 11 月 第 1 次印刷

书　　号：978-7-5234-1194-0
定　　价：180.00 元（全九册）
　　　　　（版权所属，盗版必究）

出版说明

中华文明，有着五千多年的悠久历史，是世界上唯一流传至今、没有中断的文明。中华文明价值中最为重要的，就是祖先给我们留下的大量经典。这些典籍，薪火相传，一直流淌在中国人的血液中。

近年来，由于全社会对于弘扬中华优秀传统文化的高度重视，在大量志士仁人的努力推动下，中华传统文化逐渐迎来了复兴的春天。在此背景下，我们编辑出版了这一套《中华经典诵读本》，旨在弘扬中华优秀传统文化，延续传统，推动读经教育的普及。

本套读本采用简体、大字、横排、注音的形式，选择经典若干种，陆续分辑出版。采用简体横排，旨在顺应现代读者的阅读习惯。

大字，旨在方便儿童认识汉字，减少视觉疲劳。注音采用汉语拼音，旨在保证初学者读音准确。整套读本的经文底本和注音均参考历代注疏和诸家版本，严加校正，以求最善。

这套书不仅适合广大少年儿童作为读经教材，即便是成年人，读诵这些经典，也是大有益处的。古人云："旧书不厌百回读。"我们期待着，这些典籍能够家弦户诵，朗朗的读书声能传遍中华大地，让古老的中华文明，重新焕发出新的活力。

目　录

修 省

扫一扫　听诵读

◎ 欲做精金美玉的人品，定从烈火中锻来；思立掀天揭地的事功，须向薄冰上履过。

◎ 一念错，便觉百行皆非，防之当如渡海浮囊，勿容一针之罅漏；万善全，始得一生无愧，修之当如凌云宝树，须假众木以撑持。

◎ 忙处事为，常向闲中先检点，过举

自稀；动时念想，预从静里密操持，非心自息。

◎为善而欲自高胜人，施恩而欲要名结好，修业而欲惊世骇俗，植节而欲标异见奇，此皆是善念中戈矛，理路上荆棘，最易夹带，最难拔除者也。须是涤尽渣滓，斩绝萌芽，才见本来真体。

◎能轻富贵，不能轻一轻富贵之心；能重名义，又复重一重名义之念，是事境之尘氛未扫，而心境之芥蒂未忘。此处拔除不净，恐石去而草复生矣。

◎纷扰固溺志之场，而枯寂亦槁心之地。故学者当栖心玄默，以宁吾真体；亦当适志恬愉，以养吾圆机。

◎昨日之非不可留，留之则根烬复萌，

而尘情终累乎理趣；今日之是不可执，执之
则渣滓未化，而理趣反转为欲根。

◎无事便思有闲杂念想否，有事便思有
粗浮意气否，得意便思有骄矜辞色否，失意
便思有怨望情怀否。时时检点，到得从多入
少、从有入无处，才是学问的真消息。

◎士人有百折不回之真心，才有万变不
穷之妙用。

◎立业建功，事事要从实地着脚，若少
慕名闻，便成伪果；讲道修德，念念要从虚
处立基，若稍计功效，便落尘情。

◎身不宜忙，而忙于闲暇之时，亦可傲
惕惰气；心不可放，而放于收摄之后，亦可
鼓畅天机。

◎钟鼓体虚，为声闻而招击撞；麋鹿性

逸，因纂养而受羁縻。可见名为招祸之本，
欲乃散志之媒，学者不可不力为扫除也。

◎一念常惺，才避去神弓鬼矢；纤尘不
染，方解开地网天罗。

◎一点不忍的念头，是生民生物之根
芽；一段不为的气节，是撑天撑地之柱石。
故君子于一虫一蚁不忍伤残，一缕一丝勿容
贪冒，便可为万物立命、天地立心矣。

◎拨开世上尘氛，胸中自无火炎冰兢；
消却心中鄙吝，眼前时有月到风来。

◎学者动静殊操、喧寂异趣，还是锻炼
未熟、心神混淆故耳。须是操存涵养，定云
止水中，有鸢飞鱼跃的景象；风狂雨骤处，
有波恬浪静的风光，才见处一化齐之妙。

◎心是一颗明珠，以物欲障蔽之，犹

明珠而混以泥沙，其洗涤犹易；以情识衬贴之，犹明珠而饰以银黄，其涤除最难。故学者不患垢病，而患洁病之难治；不畏事障，而畏理障之难除。

◎躯壳之我要看得破，则万有皆空而其心常虚，虚则义理来居；性命之我要认得真，则万理皆备而其心常实，实则物欲不入。

◎面上扫开十层甲，眉目才无可憎；胸中涤去数斗尘，语言方觉有味。

◎完得心上之本来，方可言了心；尽得世间之常道，才堪论出世。

◎我果为洪炉大冶，顽金钝铁，何患不可陶镕；我果为巨海长江，横流污渎，何患不能容纳。

◎白日欺人，难逃清夜之鬼报；红颜失志，空贻皓首之悲伤。

◎以积货财之心积学问，以求功名之念求道德，以爱妻子之心爱父母，以保爵位之策保国家，出此入彼，念虑只差毫末，而超凡入圣，人品且判星渊矣。人胡不猛然转念哉！

◎立百福之基，只在一念慈祥；开万善之门，无如寸心挹损。

◎塞得物欲之路，才堪辟道义之门；驰得尘俗之肩，方可挑圣贤之担。

◎融得性情上偏私，便是一大学问；消得家庭内嫌隙，便是一大经纶。

◎功夫自难处做去者，如逆风鼓棹，才是一段真精神；学问自苦中得来者，似披沙获金，才是一个真消息。

◎ 执拗者福轻，而圆融之人，其禄必厚；操切者寿夭，而宽厚之士，其年必长。

故君子不言命，养性即所以立命；亦不言天，尽人自可以回天。

◎ 才智英敏者，宜以学问摄其躁；气节激昂者，当以德性融其偏。

◎ 云烟影里现真身，始悟形骸为桎梏；禽鸟声中闻自性，方知情识是戈矛。

◎ 人欲从初起处剪除，便似新刍遽斩，其工夫极易；天理自乍明时充拓，便如尘镜复磨，其光彩更新。

◎ 一勺水，便具四海水味，世法不必尽尝；千江月，总是一轮月光，心珠宜独朗。

◎ 得意处，论地谈天，俱是水底捞月；拂意时，吞冰啮雪，才为火内栽莲。

◎事理因人言而悟者，有悟还有迷，总不如自悟之了了；意兴从外境而得者，有得还有失，总不如自得之休休。

◎情之同处即为性，舍情则性不可见；欲之公处即为理，舍欲则理不可明。故君子不能灭情，惟事平情而已；不能绝欲，惟期寡欲而已。

◎欲遇变而无仓忙，须向常时念念守得定；欲临死而无贪恋，须向生时事事看得轻。

◎一念过差，足丧生平之善；终身检饬，难盖一事之愆。

◎从五更枕席上参勘心体，气未动，情未萌，才见本来面目；向三时饮食中谙练世味，浓不欣，淡不厌，方为切实工夫。

yìng　chóu
应 酬

扫一扫　听诵读

◎操存要有真宰，无真宰则遇事便倒，
何以植顶天立地之砥柱？应用要有圆机，无
圆机则触物有碍，何以成旋乾转坤之经纶？

◎士君子之涉世，于人不可轻为喜怒，
喜怒轻，则心腹肝胆皆为人所窥；于物不可
重为爱憎，爱憎重，则意气精神悉为物所
制。

◎倚高才而玩世，背后须防射影之虫；

饰厚貌以欺人，面前恐有照胆之镜。

◎ 心体澄彻，常在明镜止水之中，则天下自无可厌之事；意气和平，常在丽日光风之内，则天下自无可恶之人。

◎ 当是非邪正之交，不可少迁就，少迁就则失从违之正；值利害得失之会，不可太分明，太分明则起趋避之私。

◎ 苍蝇附骥，捷则捷矣，难辞处后之羞；萝茑依松，高则高矣，未免仰攀之耻。所以君子宁以风霜自挟，毋为鱼鸟亲人。

◎ 好丑心太明，则物不契；贤愚心太明，则人不亲。士君子须是内精明而外浑厚，使好丑两得其平，贤愚共受其益，才是生成的德量。

◎ 伺察以为明者，常因明而生暗，故

君子以恬养智；奋迅以为速者，多因速而致迟，故君子以重持轻。

◎士君子济人利物，宜居其实，不宜居其名，居其名则德损；士大夫忧国为民，当有其心，不当有其语，有其语则毁来。

◎遇大事矜持者，小事必纵弛；处明庭检饰者，暗室必放逸。君子只是一个念头持到底，自然临小事如临大敌，处密室若坐通衢。

◎使人有面前之誉，不若使其无背后之毁；使人有乍交之欢，不若使其无久处之厌。

◎善启迪人心者，当因其所明而渐通之，毋强开其所蔽；善移易风俗者，当因其所易而渐反之，毋轻矫其所难。

菜根谭

◎彩笔描空，笔不落色，而空亦不受染；利刀割水，刀不损锷，而水亦不留痕。得此意以持身涉世，感与应俱适，心与境两忘矣。

◎己之情欲不可纵，当用逆之之法以制之，其道只在一忍字；人之情欲不可拂，当用顺之之法以调之，其道只在一恕字。今人皆恕以适己，而忍以制人，毋乃不可乎！

◎好察非明，能察能不察之谓明；必胜非勇，能胜能不胜之谓勇。

◎随时之内善救时，若和风之消酷暑；混俗之中能脱俗，似淡月之映轻云。

◎思入世而有为者，须先领得世外风光，否则无以脱垢浊之尘缘；思出世而无染者，须先谙尽世中滋味，否则无以持空寂之苦趣。

◎与人者，与其易疏于终，不若难亲于始；御事者，与其巧持于后，不若拙守于前。

◎酷烈之祸，多起于玩忽之人；盛满之功，常败于细微之事。故语云："人人道好，须防一人着恼；事事有功，须防一事不终。"

◎功名富贵，直从灭处观究竟，则贪恋自轻；横逆困穷，直从起处究由来，则怨尤自息。

◎宇宙内事要力担当，又要善摆脱。不担当，则无经世之事业；不摆脱，则无出世之襟期。

◎待人而留有余不尽之恩礼，则可以维系无厌之人心；御事而留有余不尽之才智，则可以提防不测之事变。

◎了心自了事，犹根拔而草不生；逃世不逃名，似膻存而蚋仍集。

◎仇边之弩易避，而恩里之戈难防；苦时之坎易逃，而乐处之阱难脱。

◎膻秽则蝇蚋丛嘬，芳馨则蜂蝶交侵。故君子不作垢业，亦不立芳名。只是元气浑然，圭角不露，便是持身涉世一安乐窝也。

◎从静中观物动，向闲处看人忙，才得超尘脱俗的趣味；遇忙处会偷闲，处闹中能取静，便是安身立命的工夫。

◎邀千百人之欢，不如释一人之怨；希千百事之荣，不如免一事之丑。

◎落落者，难合亦难分；欣欣者，易亲亦易散。是以君子宁以刚方见惮，毋以媚悦取容。

◎意气与天下相期，如春风之鼓畅庶类，不宜存半点隔阂之形；肝胆与天下相照，似秋月之洞彻群品，不可作一毫暧昧之状。

◎仕途虽赫奕，常思林下的风味，则权势之念自轻；世途虽纷华，常思泉下的光景，则利欲之心自淡。

◎鸿未至先援弓，兔已亡再呼矢，总非当机作用；风息时休起浪，岸到处便离船，才是了手工夫。

◎从热闹场中出几句清冷言语，便扫除无限杀机；向寒微路上用一点赤热心肠，自培植许多生意。

◎随缘便是遣缘，似舞蝶与飞花共适；

顺事自然无事，若满月偕盂水同圆。

◎淡泊之守，须从浓艳场中试来；镇定之操，还向纷纭境上勘过。不然操持未定，应用未圆，恐一临机登坛，而上品禅师又成一下品俗士矣。

◎廉所以戒贪。我果不贪，又何必标一廉名，以来贪夫之侧目？让所以戒争。我果不争，又何必立一让的，以致暴客之弯弓？

◎无事常如有事时提防，才可以弥意外之变；有事常如无事时镇定，方可以消局中之危。

◎处世而欲人感恩，便为敛怨之道；遇事而为人除害，即是遵利之机。

◎持身如泰山九鼎，凝然不动，则愆尤自少；应事若流水落花，悠然而逝，则趣味常多。

◎君子严如介石，而畏其难亲，鲜不以明珠为怪物，而起按剑之心；小人滑如脂膏，而喜其易合，鲜不以毒螫为甘饴，而纵染指之欲。

◎遇事只一味镇定从容，纵纷若乱丝，终当就绪；待人无半毫矫伪欺隐，虽狡如山鬼，亦自献诚。

◎肝肠煦若春风，虽囊乏一文，还怜茕独；气骨清如秋水，纵家徒四壁，终傲王公。

◎讨了人事的便宜，必受天道的亏；贪了世味的滋益，必招性分的损。涉世者宜审择之，慎毋贪黄雀而坠深井，舍隋珠而弹飞禽也。

菜根谭

一七

◎费千金而结纳贤豪，孰若倾半瓢之粟，以济饥饿之人；构千楹而招来宾客，孰若葺数椽之茅，以庇孤寒之士。

◎解斗者助之以威，则怒气自平；惩贪者济之以欲，则利心反淡。所谓因其势而利导之，亦救时应变一权宜法也。

◎市恩不如报德之为厚，雪忿不若忍耻为高，要誉不如逃名之为适，矫情不若直节之为真。

◎救既败之事者，如驭临崖之马，休轻策一鞭；图垂成之功者，如挽上滩之舟，莫少停一棹。

◎先达笑弹冠，休向侯门轻曳裾；相知犹按剑，莫从世路暗投珠。

◎杨修之躯，见杀于曹操，以露己之长

也；韦诞之墓，见伐于钟繇，以秘己之美也。故哲士多匿采以韬光，至人常逊美而公善。

◎少年的人，不患其不奋迅，常患以奋迅而成卤莽，故当抑其躁心；老成的人，不患其不持重，常患以持重而成退缩，故当振其惰气。

◎望重缙绅，怎似寒微之颂德。朋来海宇，何如骨肉之孚心。

◎舌存常见齿亡，刚强终不胜柔弱；户朽未闻枢蠹，偏执岂能及圆融。

评 议
píng　yì

扫一扫　听诵读

◎物莫大于天地日月，而子美云："日月
笼中鸟，乾坤水上萍。"事莫大于揖逊征诛，
而康节云："唐虞揖逊三杯酒，汤武征诛一局
棋。"人能以此胸襟眼界，吞吐六合，上下千
古，事来如沤生大海，事去如影灭长空，自
经纶万变，而不动一尘矣。

　　◎君子好名，便起欺人之念；小人好
名，犹怀畏人之心。故人而皆好名，则开诈

善之门。使人而不好名，则绝为善之路。此讥好名者，当严责夫君子，不当过求于小人也。

◎大恶多从柔处伏，哲士须防绵里之针；深仇常自爱中来，达人宜远刀头之蜜。

◎持身涉世，不可随境而迁。须是大火流金而清风穆然，严霜杀物而和气蔼然，阴霾翳空而慧日朗然，洪涛倒海而砥柱屹然，方是宇宙内的真人品。

◎爱是万缘之根，当知割舍。识是众欲之本，要力扫除。

◎作人要脱俗，不可存一矫俗之心；应世要随时，不可起一趋时之念。

◎宁有求全之毁，不可有过情之誉；宁有无妄之灾，不可有非分之福。

◎ 毁人者不美，而受人毁者，遭一番讪谤便加一番修省，可以释冤而增美；欺人者非福，而受人欺者，遇一番横逆便长一番器宇，可以转祸而为福。

◎ 梦里悬金佩玉，事事逼真，睡去虽真觉后假；闲中演偈谈元，言言酷似，说来虽是用时非。

◎ 天欲祸人，必先以微福骄之，所以福来不必喜，要看他会受；天欲福人，必先以微祸儆之，所以祸来不必忧，要看他会救。

◎ 荣与辱共蒂，厌辱何须求荣；生与死同根，贪生不必畏死。

◎ 非理外至，当如逢虎而深避，勿恃格兽之能；妄念内兴，且儗探汤而疾禁，莫纵染指之欲。

◎作人只是一味率真，踪迹虽隐还显；存心若有半毫未净，事为虽公亦私。

◎鹪占一枝，反笑鹏心奢侈；兔营三窟，转嗤鹤垒高危。智小者不可以谋大，趣卑者不可与谈高。信然矣！

◎贫贱骄人，虽涉虚骄，还有几分侠气；英雄欺世，纵似挥霍，全没半点真心。

◎糟糠不为彘肥，何事偏贪钩下饵；锦绮岂因栖贵，谁人能解笼中莪。

◎琴书诗画，达士以之养性灵，而庸夫徒赏其迹像；山川云物，高人以之助学识，而俗子徒玩其光华。可见事物无定品，随人识见以为高下。故读书穷理，要以识趣为先。

◎美女不尚铅华，似疏梅之映淡月；禅

师不落空寂，若碧沼之吐青莲。

◎ 廉官多无后，以其太清也；痴人每多福，以其近厚也。故君子虽重廉介，不可无含垢纳污之雅量；虽戒痴顽，亦不必有察渊洗埃之精明。

◎ 密则神气拘逼，疏则天真烂漫，此岂独诗文之工拙从此分哉！吾见周密之人纯用机巧，疏狂之士独任性真，人心之生死亦于此判也。

◎ 翠筱傲严霜，节纵孤高，无伤冲雅；红蕖媚秋水，色虽艳丽，何损清修。

◎ 贫贱所难，不难在砥节，而难在用情；富贵所难，不难在推恩，而难在好礼。

◎ 簪缨之士，常不及孤寒之子可以抗节致忠；庙堂之士，常不及山野之夫可以料事烛理。何也？彼以浓艳损志，此以淡泊全真也。

◎荣宠傍边辱等待，不必扬扬；困穷背后福跟随，何须戚戚。

◎古人闲适处，今人却忙过一生；古人实受处，今人又虚度一世。总是耽空逐妄，看个色身不破，认个法身不真耳。

◎芝草无根醴无源，志士当勇奋翼；彩云易散琉璃脆，达人当早回头。

◎少壮者，事事当用意，而意反轻，徒泛泛作水中凫，何以振云霄之翮？衰老者，事事宜忘情，而情反重，徒碌碌为辕下驹，何以脱缰锁之身？

◎帆只扬五分，船便安。水只注五分，器便稳。如韩信以勇略震主被擒，陆机以才名冠世见杀，霍光败于权势逼君，石崇死于财赋敌国，皆以十分取败者也。康节云："饮酒莫教成酩酊，看花慎勿至离披。"旨哉言乎！

◎附势者，如寄生依木，木伐而寄生亦枯；窃利者，如蜜虻盗人，人死而蜜虻亦灭。始以势利害人，终以势利自毙。势利之为害也，如是夫！

◎失血于杯中，堪笑猩猩之嗜酒；为巢于幕上，可怜燕燕之偷安。

◎鹤立鸡群，可谓超然无侣矣。然进而观于大海之鹏，则渺然自小。又进而求之九霄之凤，则巍乎莫及。所以至人常若无若虚，而盛德多不矜不伐也。

◎贪心胜者，逐兽而不见泰山在前，弹

雀而不知深井在后；疑心胜者，见弓影而惊杯中之蛇，听人言而信市上之虎。人心一偏，遂视有为无，造无作有。如此，心可妄动乎哉！

◎蛾扑火，火焦蛾，莫谓祸生无本；果种花，花结果，须知福至有因。

◎车争险道，马骋先鞭，到败处未免噬脐；粟喜堆山，金夸过斗，临行时还是空手。

◎花逞春光，一番雨，一番风，催归尘土；竹坚雅操，几朝霜，几朝雪，傲就琅玕。

◎富贵是无情之物，看得他重，他害你越大；贫贱是耐久之交，处得他好，他益你反深。故贪商於而恋金谷者，竟被一时之显戮；乐箪瓢而甘敝缊者，终享千载之令名。

◎鸽恶翎而高飞，不知敛翼而翎自息；人恶影而疾走，不知处阴而影自灭。故愚夫徒疾走高飞，而平地反为苦海；达士知处阴敛翼，而巉岩亦是坦途。

◎秋虫春鸟共畅天机，何必浪生悲喜；老树新花同含生意，胡为妄别媸妍？

◎己绚其利者为有德，柳跖之腹心；巧饰其貌者无寔行，优孟之流风。

◎多栽桃李少栽荆，便是开条福路；不积诗书偏积玉，还如筑个祸基。

◎万境一辙，原无地著个穷通；万物一体，原无处分个彼我。世人迷真逐妄，乃向坦途上自设一坷坎，从空洞中自筑一藩蓠。良足慨哉！

◎大聪明的人，小事必朦胧；大懵懂的人，小事必伺察。盖伺察乃懵懂之根，而朦胧正聪明之窟也。

◎大烈鸿猷，常出悠闲镇定之士，不必忙忙；休征景福，多集宽洪长厚之家，何须琐琐。

◎贫士肯济人，才是性天中惠泽；闹场能学道，方为心地上工夫。

◎人生只为"欲"字所累，便如马如牛听人羁络，为鹰为犬任物鞭笞。若果一念清明，淡然无欲，天地也不能转动我，鬼神也不能役使我，况一切区区事物也！

◎贪得者，身富而心贫，知足者，身贫而心富；居高者，形逸而神劳，处下者，形劳而神逸。孰得孰失，孰幻孰真，达人当自辨之。

◎ 众人以顺境为乐，而君子乐自逆境中来；众人以拂意为忧，而君子忧从快意处起。盖众人忧乐以情，而君子忧乐以理也。

◎ 谢豹覆面，犹知自愧；唐鼠易肠，犹知自悔。盖"愧悔"二字，乃吾人去恶迁善之门，起死回生之路也。人生若无此念头，便是既死之寒灰，已枯之槁木矣，何处讨些生理？

◎ 异宝奇珍，俱是必争之器；瑰节奇行，多冒不祥之名。总不若寻常历顺，易简行藏，可以完天地浑噩之真，享民物和平之福。

◎ 福善不在杳冥，即在食息起居处牖其衷；祸淫不在幽渺，即在动静语默间夺其

魄。可见人之精爽常通于天，天之威命即寓
于人，天人岂相远哉！

闲 适
xián shì

扫一扫 听诵读

◎ 昼闲人寂，听数声鸟语悠扬，不觉耳
zhòu xián rén jì　tīng shù shēng niǎo yǔ yōu yáng　bù jué ěr
根尽彻；夜静天高，看一片云光舒卷，顿令
gēn jìn chè　yè jìng tiān gāo　kàn yí piàn yún guāng shū juǎn　dùn lìng
眼界俱空。
yǎn jiè jù kōng

◎ 世事如棋局，不著的，才是高手；人
shì shì rú qí jú　bù zhāo de　cái shì gāo shǒu　rén
生似瓦盆，打破了，方见真空。
shēng sì wǎ pén　dǎ pò le　fāng jiàn zhēn kōng

◎ 龙可豢，非真龙，虎可搏，非真虎。
lóng kě huàn　fēi zhēn lóng　hǔ kě bó　fēi zhēn hǔ
故爵禄可饵荣进之辈，必不可笼淡然无欲之
gù jué lù kě ěr róng jìn zhī bèi　bì bù kě lǒng dàn rán wú yù zhī
人；鼎镬可及宠利之流，必不可加飘然远引
rén　dǐng huò kě jí chǒng lì zhī liú　bì bù kě jiā piāo rán yuǎn yǐn

之士。

◎一场闲富贵，狠狠争来，虽得还是失；百岁好光阴，忙忙过了，纵寿亦为夭。

◎高车嫌地僻，不如鱼鸟解亲人。驷马喜门高，怎似莺花能避俗。红烛烧残，万念自然灰冷；黄梁梦破，一身亦似云浮。

◎千载奇逢，无如好书良友；一生清福，只在碗茗炉烟。蓬茅下诵诗读书，日日与圣贤晤语，谁云贫是病？樽罍边幕天席地，时时共造化氤氲，孰谓醉非禅。兴来稳睡落花前，天地即为衾枕；机息坐忘盘石上，古今尽属蜉蝣。

◎昂藏老鹤虽饥，饮啄犹闲，肯同鸡鹜之营营而竞食？偃蹇寒松纵老，丰标自在，岂似桃李之灼灼而争妍！

◎吾人适志于花柳烂漫之时，得趣于笙歌腾沸之处，乃是造化之幻境，人心之荡念也。须从木落草枯之后，向声希味淡之中，觅得一些消息，才是乾坤的橐籥，人物的根宗。

◎静处观人事，即伊吕之勋庸、夷齐之节义，无非大海浮沤；闲中玩物情，虽木石之偏枯、鹿豕之顽蠢，总是吾性真如。

◎花开花谢春不管，拂意事休对人言；水暖水寒鱼自知，会心处还期独赏。

◎闲观扑纸蝇，笑痴人自生障碍；静睹竞巢鹊，叹杰士空逞英雄。

◎看破有尽身躯，万境之尘缘自息；悟入无怀境界，一轮之心月独明。

◎土床石枕冷家风，拥衾时魂梦亦爽；

麦饭豆羹淡滋味，放著处齿颊犹香。

◎ 谈纷华而厌者，或见纷华而喜；语淡泊而欣者，或处淡泊而厌。须扫除浓淡之见，灭却欣厌之情，才可以忘纷华而甘淡泊也。

◎ "鸟惊心"，"花溅泪"，怀此热肝肠，如何领取冷风月；"山写照"，"水传神"，识吾真面目，方可摆脱幻乾坤。

◎ 富贵得一世宠荣，到死时反增了一个"恋"字，如负重担；贫贱得一世清苦，到死时反脱了一个"厌"字，如释重枷。人诚想念到此，当急回贪恋之首而猛舒愁苦之眉矣。

◎ 人之有生也，如太仓之粒米，如灼目之电光，如悬崖之朽木，如逝海之一波。知此者如何不悲？如何不乐？如何看他不破，而怀贪生之虑？如何看他不重，而贻虚生之羞？

◎ 鹬蚌相持，兔犬共毙，冷觑来令人猛气全消；鸥凫共浴，鹿豕同眠，闲观去使我机心顿息。

◎ 迷则乐境成苦海，如水凝为冰；悟则苦海为乐境，犹冰涣作水。可见苦乐无二境，迷悟非两心，只在一转念间耳。

◎ 遍阅人情，始识疏狂之足贵；备尝世味，方知淡泊之为真。

◎ 地阔天高，尚觉鹏程之窄小；云深松老，方知鹤梦之悠闲。

◎ 两个空拳握古今，握住了还当放手；一条竹杖挑风月，挑到时也要息肩。

◎ 阶下几点飞翠落红，收拾来无非诗

料；窗前一片浮青映白，悟入处尽是禅机。

◎忽睹天际彩云，常疑好事皆虚事；再观山中闲木，方信闲人是福人。

◎东海水，曾闻无定波，世事何须扼腕？北邙山，未省留闲地，人生且自舒眉。

◎天地尚无停息，日月且有盈亏，况区区人世，能事事圆满，而时时暇逸乎？只是向忙里偷闲，遇缺处知足，则操纵在我，作息自如，即造物不得与之论劳逸，较亏盈矣！

◎霜天闻鹤唳，雪夜听鸡鸣，得乾坤清纯之气；晴空看鸟飞，活水观鱼戏，识宇宙活泼之机。

闲烹山茗听瓶声，炉内识阴阳之理；漫履楸枰观局戏，手中悟生杀之机。

◎ 芳菲园林看蜂忙，觑破几般尘情世态；寂寞衡茅观燕寝，引起一种冷趣幽思。

◎ 会心不在远，得趣不在多。盆池拳石间，便居然有万里山川之势，片言只语内，便宛然见万古圣贤之心，才是高士的眼界，达人的胸襟。

◎ 心与竹俱空，问是非何处安脚？貌偕松共瘦，知忧喜无由上眉。

◎ 趋炎虽暖，暖后更觉寒威；食蔗能甘，甘余便生苦趣。何似养志于清修，而炎凉不涉，栖心于淡泊，而甘苦俱忘，其自得为更多也。

◎ 席拥飞花落絮，坐林中锦绣团茵；炉烹白雪清冰，熬天上玲珑液髓。

◎ 逸态闲情，惟期自尚，何事外修边

幅？清标傲骨，不愿人怜，无劳多买胭脂。

◎天地景物，如山间之空翠，水上之涟漪，潭中之云影，草际之烟光，月下之花容，风中之柳态。若有若无，半真半幻，最足以悦人心目而豁人性灵，真天地间一妙境也。

◎"乐意相关禽对语，生香不断树交花"，此是无彼无此得真机。"野色更无山隔断，天光常与水相连"，此是彻上彻下之真境。吾人时时以此景象，注之心目，何患心思不活泼，气象不宽平！

◎鹤唳雪月霜天，想见屈大夫独醒之激烈；鸥眠春风暖日，会知谢丞相高卧之风流。

◎黄鸟多情，常向梦中唤骚客；白云意

懒，偏来僻处媚幽人。

◎栖迟蓬户，耳目虽拘，而神情自旷；结纳山翁，仪文虽略，而意念常真。

◎满室清风满几月，坐中物物见天心；一溪流水一山云，行处时时观妙道。

◎鱼凤烹龙，放箸时与齑盐无异；悬金佩玉，成灰处共瓦砾何殊。

◎扫地白云来，才著工夫便起障；凿池明月入，能空境界自生明。

◎造化唤作小儿，切莫受渠戏弄；天地原为大块，须要任我炉锤。

◎想到白骨黄泉，壮士之肝肠自冷；坐老清溪碧嶂，俗流之胸次亦闲。

◎夜眠八尺，日啖二升，何须百般计较；书读五车，才分八斗，未闻一日清闲。

概 论
gài lùn

扫一扫 听诵读

◎ 君子之心事，天青日白，不可使人
jūn zǐ zhī xīn shì   tiān qīng rì bái   bù kě shǐ rén

不知。君子之才华，玉韫珠含，不可使人易
bù zhī   jūn zǐ zhī cái huá   yù yùn zhū hán   bù kě shǐ rén yì

知。
zhī

◎ 耳中常闻逆耳之言，心中常有拂心
ěr zhōng cháng wén nì ěr zhī yán   xīn zhōng cháng yǒu fú xīn

之事，才是进德修业砥石。若言言悦耳，事
zhī shì   cái shì jìn dé xiū yè dǐ shí   ruò yán yán yuè ěr   shì

事快心，便把此生埋在鸩毒中矣。
shì kuài xīn   biàn bǎ cǐ shēng mái zài zhèn dú zhōng yǐ

◎ 疾风怒雨，禽鸟戚戚；霁月光天，草
jí fēng nù yǔ   qín niǎo qī qī   jì yuè guāng tiān   cǎo

木欣欣。可见天地不可一日无和气，人心不
mù xīn xīn   kě jiàn tiān dì bù kě yī rì wú hé qì   rén xīn bù

可一日无喜神。

◎醲肥甘辛非真味，真味只是淡；神奇怪异非至人，至人只是常。

◎夜深人静，独坐观心，始觉妄穷而真独露，每于此中得大机趣。既觉真现而妄难逃，又于此中得大惭忸。

◎恩里由来生害，故快意时须蚤回头。败后或反成功，故拂心处切莫放手。

◎藜口苋肠者，多冰清玉洁。锦衣玉食者，甘婢膝奴颜。盖志以淡泊明，而节从肥甘丧矣。

◎面前的田地要放得宽，使人无不平之叹，身后的惠泽要流得长，使人有不匮之思。

◎路径窄处，留一步与人行；滋味浓

的，减三分让人嗜。此是涉世一极乐法。

◎作人无甚高远的事业，摆脱得俗情，便入名流。为学无甚增益的工夫，减除得物累，便臻圣境。

◎宠利毋居人前，德业毋落人后；受享毋逾分外，修持毋减分中。

◎处世让一步为高，退步即进步的张本；待人宽一分是福，利人实利己的根基。

◎盖世功劳，当不得一个矜字。弥天罪过，当不得一个悔字。

◎完名美节，不宜独任，分些与人，可以远害全身；辱行污名，不宜全推，引些归己，可以韬光养德。

◎事事要留个有余不尽的意思，便造物不能忌我，鬼神不能损我。若业必求满，功必求盈者，不生内变，必招外忧。

◎家庭有个真佛，日用有种真道。人能诚心和气、愉色婉言，使父母兄弟间形体两释、意气交流，胜于调息观心万倍矣。

◎攻人之恶毋太严，要思其堪受。教人以善毋过高，当使其可从。

◎粪虫至秽，变为蝉，而饮露于秋风；腐草无光，化为萤，而耀采于夏日。故知洁常自污出，明每从暗生也。

◎矜高倨傲，无非客气，降伏得客气下，而后正气伸；情欲意识，尽属妄心，消杀得妄心尽，而后真心现。

◎饱后思味，则浓淡之境都消；色后思淫，则男女之见尽绝。故人常以事后之悔悟，破临事之痴迷，则性定而动无不正。

◎居轩冕之中，不可无山林的气味。处
林泉之下，须要怀廊庙的经纶。

◎处世不必邀功，无过便是功，与人不
要感德，无怨便是德。

◎忧勤是美德，太苦则无以适性怡情；
淡泊是高风，太枯则无以济人利物。

◎事穷势蹙之人，当原其初心；功成行
满之士，要观其末路。

◎富贵家宜宽厚，而反忌克，是富贵而
贫贱，其行如何能享？聪明人宜敛藏，而反
炫耀，是聪明而愚懵，其病如何不败？

◎人情反覆，世路崎岖。行不去，须知
退一步之法；行得去，务加让三分之功。

◎待小人不难于严，而难于不恶；待君
子不难于恭，而难于有礼。

◎ 宁守浑噩而黜聪明，养些正气还天地；宁谢纷华而甘淡泊，遗个清名在乾坤。

◎ 降魔者先降其心，心伏则群魔退听；驭横者先驭其气，气平则外横不侵。

◎ 养子弟如养闺女，最要严出入，谨交游。若一接近匪人，是清净田中下一不净的种子，便终身难植嘉苗矣。

◎ 欲路上事，毋乐其便而姑为染指，一染指，便深入万仞。理路上事，毋惮其难而稍为退步，一退步，便远隔千山。

◎ 念浓者自待厚，待人亦厚，处处皆厚；念淡者自待薄，待人亦薄，处处皆薄。故君子居常嗜好，不可太浓艳，亦不可太枯寂。

◎ 彼富我仁，彼爵我义，君子故不为君

相所牢笼；人定胜天，志一动气，君子亦不为造物所陶镕。

◎立身不高一步立，如尘里振衣，泥中濯足，如何超达；处世不退一步处，如飞蛾投烛，羝羊触藩，如何安乐？

◎学者要收拾精神，并归一路。如修德而留意于事功名誉，必无实诣；读书而寄兴于吟咏风雅，定不深心。

◎人人有个大慈悲，维摩屠刽，无二心也；处处有种真趣味，金屋茅檐，非两地也。只是欲闭情封，当面错过，便咫尺千里矣。

◎进德修业，要个木石的念头，若一有欣羡，便趋欲境；济世经邦，要段云水的趣味，若一有贪著，便堕危机。

◎肝受病，则目不能视；肾受病，则耳不能闻。受病于人所不见，必发于人所共见。故君子欲无得罪于昭昭，先无得罪于冥冥。

◎福莫福于事少，祸莫祸于多心。惟少事者，方知少事之为福；惟平心者，始知多心之为祸。

◎处治世宜方，处乱世宜圆，处叔季之世，当方圆并用；待善人宜宽，待恶人当严，待庸众之人，宜宽严互存。

◎我有功于人，不可念，而过则不可不念；人有恩于我，不可忘，而怨则不可不忘。

◎心地清净，方可读书学古。不然，见一善行，窃以济私，闻一善言，假以覆短，是又籍寇兵而赍盗粮矣。

◎奢者富而不足，何如俭者贫而有余；能者劳而俯怨，何如拙者逸而全真。

◎读书不见圣贤，如铅椠佣；居官不爱子民，如衣冠盗；讲学不尚躬行，如口头禅；立业不思种德，如眼前花。

◎人心有部真文章，都被残编断简封固了；有部真鼓吹，都被妖歌艳舞湮没了。学者须扫除外物，直觅本来，才有个真受用。

◎苦心中，常得悦心之趣；得意时，便生失意之悲。

◎富贵名誉，自道德来者，如山林中花，自是舒徐繁衍；自功业来者，如盆槛中花，便有迁徙废兴；若以权力得者，其根不植，其萎可立而待矣。

◎栖守道德者，寂寞一时；依阿权势者，凄凉万古。达人观物外之物，思身后之身，宁受一时之寂寞，毋取万古之凄凉。

◎春至时和，花尚铺一段好色，鸟且啭几句好音。士君子幸列头角，复遇温饱，不思立好言、行好事，恰似未生一日。

◎学者有段兢业的心思，又要有段潇洒的趣味。若一味敛束清苦，是有秋杀而无春生，何以发育万物。

◎真廉无廉名，立名者正所以为贪；大巧无巧术，用术者乃所以为拙。

◎心体光明，暗室中有青天；念头暗昧，白日下有厉鬼。

◎人知名位为乐，不知无名无位之乐为最真；人知饥寒为忧，不知不饥不寒之忧为

gèng shèn
更甚。

◎为恶而畏人知，恶中犹有善路；为善
而急人知，善处即是恶根。

◎天之机缄不可测，抑而伸，伸而抑，
皆是播弄英雄，颠倒豪杰处。君子只是逆来
顺受，居安思危，天亦无所用其伎俩矣。

◎福不可邀，养喜神以为招福之本；祸
不可避，去杀机以为远祸之方。

◎十语九中，未必称奇；一语不中，
则愆尤骈集。十谋九成，未必归功；一谋不
成，则訾议丛兴。君子所以宁默毋躁，宁拙
毋巧。

◎天地之气，暖则生，寒则杀，故性气
清冷者，受享亦凉薄，惟气和暖心之人，其
福亦厚，其泽亦长。

◎天理路上甚宽，稍游心，胸中使觉广大宏朗；人欲路上甚窄，才寄迹，眼前俱是荆棘泥涂。

◎一苦一乐相磨练，练极而成福者，其福始久；一疑一信相参勘，勘极而有知者，其知始真。

◎地之秽者多生物，水之清者常无鱼。故君子当存含垢纳污之量，不可持好洁独行之操。

◎泛驾之马，可就驰驱；跃冶之金，终归型范。只一优游不振，便终身无个进步。白沙云："为人多病未足羞，一生无病是吾忧。"真确实之论也。

◎人只一念贪私，便销刚为柔，塞智为昏，变恩为惨，染洁为污，坏了一生人品。

故古人以不贪为宝，所以度越一世。

◎耳闻目见为外贼，情欲意识为内贼。只是主人公惺惺不昧，独坐中堂，贼便化为家人矣。

◎图未就之功，不如保已成之业；悔既往之失，亦要防将来之非。

◎气象要高旷，而不可疏狂；心思要缜缜，而不可琐屑；趣味要冲淡，而不可偏枯；操守要严明，而不可激烈。

◎风来疏竹，风过而竹不留声；雁过寒潭，雁去而潭不留影。故君子事来而心始现，事去而心随空。

◎清能有容，仁能善断，明不伤察，直不过矫。是谓蜜饯不甜，海味不咸，才是懿德。

◎贫家净扫地，贫女净梳头，景色虽不艳丽，气度自是风雅。士君子当穷愁寥落，奈何辄自废弛哉。

◎闲中不放过，忙中有受用；静中不落空，动中有受用；暗中不欺隐，明中有受用。

◎念头起处，才觉向欲路上去，便挽从理路上来，一起便觉，一觉便转，此是转祸为福、起死回生的关头，切莫当面错过。

◎天薄我以福，吾厚吾德以迓之；天劳我以形，吾逸吾心以补之；天厄我以遇，吾亨吾道以通之。天且奈我何哉。

◎真士无心邀福，天即就无心处牖其衷；险人著意避祸，天即就著意中夺其魄。可见天之机权最神，人之智巧何益。

◎ 声伎晚景从良，一世之烟花无碍；贞妇白头失守，半生之清苦俱非。语云："看人只看后半截。"真名言也。

◎ 平民肯种德施惠，便是无位的卿相；仕夫徒贪权市宠，竟成有爵的乞人。

◎ 问祖宗之德泽，吾身所享者是，当念其积累之难；问子孙之福祉，吾身所贻者是，要思其倾覆之易。

◎ 君子而诈善，无异小人之肆恶；君子而改节，不若小人之自新。

◎ 家人有过，不宜暴扬，不宜轻弃。此事难言，借他事隐讽之；今日不悟，俟来日正警之。如春风之解冻，和气消冰，才是家庭的型范。

◎ 此心常看得圆满，天下自无缺陷的

世界。此心常放得宽平，天下自无险侧之人情。

◎淡泊之士，必为浓艳者所疑；检饬之人，多为放肆者所忌。君子处此，固不可少变其操履，亦不可太露其锋芒。

◎居逆境中，周身皆针砭药石，砥节砺行而不觉；处顺境内，满前尽兵刃戈矛，销膏靡骨而不知。

◎生长富贵丛中者，嗜欲如猛火，权势似烈焰，若不带些清冷气味，其火焰不至焚人，必将自焚。

◎人心一真，便霜可飞，城可陨，金石可贯。若伪妄之人，形骸徒具，真宰已亡，对人则面目可憎，独居则形影自愧。

◎文章做到极处，无有他奇，只是恰

好；人品做到极处，无有他异，只是本然。

◎以幻迹言，无论功名富贵，即身体亦属委形；以真境言，无论父母兄弟，即万物皆吾一体。人能看得破，认得真，才可以任天下之负担，亦可脱世间之缰锁。

◎爽口之味，皆烂肠腐骨之药，五分便无殃；快心之事，悉败身散德之媒，五分便无悔。

◎不责人小过，不发人阴私，不念人旧恶，三者可以养德，亦可以远害。

◎天地有万古，此身不再得，人生只百年，此日最易过；幸生其间者，不可不知有生之乐，亦不可不怀虚生之忧。

◎老来疾病，都是壮时招得；衰时罪孽，都是盛时作得。故持盈履满，君子尤兢競焉。

◎市私恩，不如扶公议；结新知，不如敦旧好；立荣名，不如种阴德；尚奇节，不如谨庸行。

◎公平正论，不可犯手，一犯手，则遗羞万世。权门私窦，不可著脚，一著脚，则玷污终身。

◎曲意而使人喜，不若直节而使人忌，无善而致人誉，不若无恶而致人毁。

◎处父兄骨肉之变，宜从容不宜激烈。遇朋友交游之失，宜剀切不宜优游。

◎小处不渗漏，暗处不欺隐，末路不怠荒，才是真正英雄。

◎惊奇喜异者，终无远大之识；苦节独行者，要有恒久之操。

◎ 当怒火欲水正腾沸时，明明知得，又明明犯着。知得是谁？犯着又是谁？此处能猛省，转念回头，便为真君子矣。

◎ 毋偏信，而为奸所欺；毋自任，而为气所使。毋以己之长，而形人之短；毋因己之拙，而忌人之能。

◎ 人之短处，要曲为弥缝，如暴而扬之，是以短攻短；人有顽的，要善为化诲，如忿而嫉之，是以顽济顽。

◎ 遇沉沉不语之士，且莫输心；见悻悻自好之人，应须防口。

◎ 念头昏散处，要知提醒；念头吃紧时，要知放下。不然，恐去昏昏之病，又来憧憧之扰矣。

◎ 霁日青天，倏变为迅雷震电；疾风怒

雨，倏转为朗月晴空。气机何尝一毫凝滞，太虚何尝一毫障蔽。人之心体，亦当如是。

◎胜私制欲之功，有曰识不早，力不易者，有曰识得破，忍不过者，盖识是一颗照魔的明珠，力是一把斩魔的慧剑，两不可少也。

◎横逆困穷，是锻炼豪杰的一副炉锤。能受其锻炼者，则身心交益；不受其锻炼者，则身心交损。

◎害人之心不可有，防人之心不可无，此戒疏于虑者；宁受人之欺，毋逆人之诈，此警伤于察者。二语并存，精明浑厚矣。

◎毋因群疑而阻独见，毋任己意而废人言，毋私不惠而伤大体，毋借公论而快私情。

◎善人未能急亲，不宜预扬，恐来谗谮之奸；恶人未能轻去，不宜先发，恐招媒孽之祸。

◎青天白日的节义，自暗室屋漏中培来；旋乾转坤的经纶，从临深履薄中操出。

◎父慈子孝，兄友弟恭，纵做到极处，俱是合当如是，著不得一毫感激的念头。如施者任德，受者怀恩，便是路人，便成市道矣。

◎炎凉之态，富贵更甚于贫贱；妒忌之心，骨肉尤狠于外人。此处若不当以冷肠，御以平气，鲜不日坐烦恼障中矣。

◎功过不宜少混，混则人怀惰隳之心；恩仇不可太明，明则人起携贰之志。

◎恶忌阴，善忌阳。故恶之显者祸浅，

而隐者祸深；善之显者功小，而隐者功大。

◎德者才之主，才者德之奴。有才无德，如家无主而奴用事矣，几何不魍魉猖狂。

◎锄奸杜幸，要放他一条去路，若使之一无所容，便如塞鼠穴者，一切去路都塞尽，则一切好物都咬破矣。

◎士君子贫不能济物者，遇人痴迷处，出一言提醒之，遇人急难处，出一言解救之，亦是无量功德矣。

◎处己者，触事皆成药石；尤人者，动念即是戈矛。一以辟众善之路，一以濬诸恶之源，相去霄壤矣。

◎事业文章，随身销毁，而精神万古如新；功名富贵，逐世转移，而气节千载一时。吾信不以彼易此也。

◎鱼网之设，鸿则罹其中；螳螂之贪，雀又乘其后。机里藏机，变外生变，智巧何足恃哉。

◎作人无一点真恳的念头，便成个花子，事事皆虚；涉世无一段圆活的机趣，便是个木人，处处有碍。

◎有一念而犯鬼神之禁，一念而伤天地之和，一事而酿子孙之祸，最宜切戒。

◎事有急之不白者，宽之或自明，毋躁急以速其忿；人有切之不从者，纵之或自明，毋操切以益其顽。

◎节义傲青云，文章高白雪。若不以德行陶镕之，终为血气之私，技能之末。

◎谢事当谢于正盛之时，居身宜居于独

后之地，谨德须谨于至微之事，施恩务施于不报之人。

◎德者事业之基，未有基不固，而栋宇坚久者；心者修行之根，未有根不植，而枝叶荣茂者。

◎道是一件公众的物事，当随人而接引；学是一个寻常的家饭，当随事而警惕。

◎念头宽厚的，如春风煦育，万物遭之而生；念头忌刻的，如朔雪阴凝，万物遭之而死。

◎勤者敏于德义，而世人借勤以济其贪；俭者淡于货利，而世人假俭以饰其吝。君子持身之符，反为小人营私之具矣，惜哉！

◎人之过误宜恕，而在己则不可恕；己

之困辱宜忍，而在人则不宜忍。

◎恩宜自淡而浓，先浓后淡者，人忘其惠；威宜自严而宽，先宽后严者，人怨其酷。

◎士君子处权门要路，操履要严明，心气要和易，毋少随而近腥膻之党，亦毋过激而犯蜂虿之毒。

◎遇欺诈的人，以诚心感动之；遇暴戾的人，以和气薰蒸之；遇倾邪私曲的人，以名义气节激励之。天下无不入我陶镕中矣。

◎一念慈祥，可以酝酿两间和气。寸心洁白，可以昭垂百代清芬。

◎阴谋怪习，异行奇能，俱是涉世的祸胎。只是一个庸德庸行，便可以完混沌而招和平。

◎语云："登山耐险路，踏雪耐危桥。"一耐字极有意味。如倾险之人情，坎坷之世道，若不得一个耐字撑持过去，几何不坠入榛莽坑堑哉。

◎夸逞功业，炫耀文章，皆是靠外物做人。不知心体莹然，本来不失，即无寸功只字，亦自有堂堂正正做人处。

◎不昧己心，不拂人情，不竭物力，三者可以为天地立心，为生民立命，为后裔造福。

◎居官有二语：曰惟公则生明，惟廉则生威。居家有二语：曰惟恕则平情，惟俭则足用。

◎处富贵之地，要知贫贱的痛痒。当少壮之时，须念衰老的辛酸。

◎持身不可太皎洁，一切污辱垢秽亦要茹纳；与人不可太分明，一切善恶贤愚须要涵容。

◎休与小人仇雠，小人自有对头；莫向君子谄媚，君子原无私惠。

◎磨砺当如百炼之金，急就者非邃养；施为宜似千钧之弩，轻发者无宏功。

◎建功立业者，多虚圆之士；偾事失机者，必执拗之人。

◎俭，美德也，过则为悭吝、为鄙啬，反伤雅道；让，懿行也，过则为足恭、为曲礼，多出机心。

◎毋忧拂意，毋喜快心，毋恃久安，毋惮初难。

◎饮晏之乐多，不是个好人家；声华之

习胜，不是个好士子；名位之念重，不是好

臣工。

◎仁人心地宽舒，便福厚而庆长，事事

成个宽舒气象；鄙夫念头迫促，便禄薄而泽

短，事事成个迫促规模。

◎用人不宜刻，刻则思效者去；交友不

宜滥，滥则贡谀者来。

◎大人不可不畏，畏大人，则无放逸之

心；小民亦不可不畏，畏小民，则无豪横之

名。

◎事稍拂逆，便思不如我的人，则怨尤

自消；心稍怠荒，便思胜似我的人，则精神

自奋。

◎不可乘喜而轻诺，不可因醉而生瞋，

不可乘快而多事，不可因倦而鲜终。

◎钓水，逸事也，尚持生杀之柄；弈棋，清戏也，且动争战之心。可见喜事不如省事之为适，多能不如无能之全真。

◎听夜静之钟声，唤醒梦中之梦。观澄潭之月影，窥见身外之身。

◎鸟语虫声，总是传心之诀；花英草色，无非见道之文。学者要天机清彻，胸次玲珑，触物皆有会心处。

◎人解读有字书，不解读无字书；知弹有弦琴，不知弹无弦琴。以迹用不以神用，何以得琴书佳趣。

◎山河大地已属微尘，而况尘中之尘；血肉身躯且归泡影，而况影外之影。非上上智，无了了心。

◎石火光中，争长竞短，几何光阴？蜗

牛角上，较雌论雄，许大世界？

◎有浮云富贵之风，而不必岩栖穴处；无膏肓泉石之癖，而常自醉酒耽诗。竞逐听人，而不嫌尽醉；恬淡适己，而不夸独醒。此释氏所谓不为法缠，不为空缠，身心两自在者。

◎延促由于一念，宽窄系之寸心。故机闲者，一日遥于千古；意宽者，斗室广于两间。

◎都来眼前事，知足者仙境，不知足者凡境；总出世上因，善用者生机，不善用者杀机。

◎趋炎附势之祸，甚惨亦甚速；栖恬守逸之味，最淡亦最长。

◎色欲火炽，而一念及病时，便兴似寒

灰；名利饴甘，而一想到死地，便味如嚼蜡。故人常忧死虑病，亦可消幻业而长道心。

◎争先的径路窄，退后一步自宽平一步；浓艳的滋味短，清淡一分自悠长一分。

◎隐逸林中无荣辱，道义路上泯炎凉。

进步处便思退步，庶免触藩之祸；着手时先图放手，才脱骑虎之危。

◎贪得者，分金恨不得玉，封公怨不授侯，权豪自甘乞丐；知足者，藜羹旨于膏粱，布袍暖于狐貉，编民不让王公。

◎矜名不如逃名趣，练事何如省事闲。

孤云出岫，去留一无所系；朗镜悬空，静躁两不相干。

◎山林是胜地，一营恋便成市朝；书画

是雅事，一贪痴便成商贾。盖心无染着，俗境是仙都；心有丝牵，乐境成悲地。

◎时当喧杂，则平日所记忆者，皆漫然忘去；境在清宁，则夙昔所遗忘者，又恍尔现前。可见静躁稍分，昏明顿异也。

◎芦花被下，卧雪眠云，保全得一窝夜气；竹叶杯中，吟风弄月，躲离了万丈红尘。

◎出世之道，即在涉世中，不必绝人以逃世；了心之功，即在尽心内，不必绝欲以灰心。

◎此身常放在闲处，荣辱得失，谁能差遣我？此心常安在静中，是非利害，谁能瞒昧我？

◎我不希荣，何忧乎利禄之香饵；我不

兢进，何畏乎仕宦之危机。

◎多藏厚亡，故知富不如贫之无虑；高步疾颠，故知贵不如贱之常安。

◎世人只缘认得"我"字太真，故多种种嗜好、种种烦恼。前人云："不复知有我，安知物为贵。"又云："知身不是我，烦恼更何侵。"真破的之言也。

◎人情世态，倏忽万端，不宜认得太真。尧夫云："昔日所云我，今朝却是伊，不知今日我，又属后来谁？"人常作如是观，便可解却胸中罥矣！

◎有一乐境界，就有一不乐的相对待；有一好光景，就有一不好的相乘除。只是寻常家饭，素位风光，才是个安乐窝巢。

◎知成之必败，则求成之心不必太坚；

知生之必死，则保生之道不必过劳。

◎眼看西晋之荆榛，犹矜白刃；身属北邙之狐兔，尚惜黄金。语云："猛兽易伏，人心难降，溪壑易填，人心难满。"信哉！

◎心地上无风涛，随在皆青山绿树；性天中有化育，触处都鱼跃鸢飞。

◎狐眠败砌，兔走荒台，尽是当年歌舞之地；露冷黄花，烟迷衰草，悉属旧时争战之场。盛衰何常，强弱安在，念此令人心灰。

◎宠辱不惊，闲看庭前花开花落；去留无意，漫随天外云卷云舒。

◎晴空朗月，何天不可翱翔，而飞蛾独投夜烛；清泉绿竹，何物不可饮啄，而鸱鸮偏嗜腐鼠。噫！世之不为飞蛾鸱鸮者，几何人哉！

◎权贵龙骧，英雄虎战，以冷眼视之，如蝇聚膻，如蚁竞血；是非蜂起，得失猬兴，以冷情当之，如冶化金，如汤消雪。

◎真空不空，执相非真，破相亦非真，问世尊如何发付？在世出世，徇欲是苦，绝欲亦是苦，听吾侪善自修持。

◎烈士让千乘，贪夫争一文，人品星渊也，而好名不殊好利；天子营家国，乞人号饔飧，位分霄壤也，而焦思何异焦声。

◎性天澄彻，即饥餐渴饮，无非康济身心；心地沉迷，纵演偈谈禅，总是播弄精魄。

◎人心有真境，非丝非竹，而自恬愉，不烟不茗，而自清芬。须念净境空，虑忘形释，才得以游衍其中。

◎天地中万物，人伦中万情，世界中万事，以俗眼观，纷纷各异，以道眼观，种种是常，何须分别，何须取舍！

◎缠脱只在自心，心了则屠肆糟糠，居然净土。不然，纵一琴一鹤，一花一竹，嗜好虽清，魔障终在。语云："能休尘境为真境，未了僧家是俗家。"

◎以我转物者，得固不喜，失亦不忧，大地尽属逍遥；以物役我者，逆固生憎，顺亦生爱，一毫便生缠缚。

◎试思未生之前有何象貌，又思既死之后有何景色，则万念灰冷，一性寂然，自可超物外而游象先。

◎优人傅粉调朱，效妍丑于毫端。俄而

歌残场罢，妍丑何存？弈者争先兢后，较雌雄于指下。俄而局散子收，雌雄安在？

◎把握未定，宜绝迹尘嚣，使此心不见可欲而不乱，以澄吾静体；操持既坚，又当混迹风尘，使此心见可欲而亦不乱，以养吾圆机。

◎喜寂厌喧者，往往避人以求静。不知意在无人，便成我相，心著于静，便是动根。如何到得人我一空，动静两忘的境界。

◎人生祸区福境，皆念想造成。故释氏云："利欲炽然，即是火坑；贪爱沉溺，便为苦海。一念清净，烈焰成池；一念惊觉，航登彼岸。"念头稍异，境界顿殊，可不慎哉！

◎绳锯材断，水滴石穿，学道者须要努索；水到渠成，瓜熟蒂落，得道者一任天机。

◎就一身了一身者，方能以万物付万物；还天下于天下者，方能出世间于世间。

◎人生原是傀儡，只要把柄在手，一线不乱，卷舒自由，行止在我，一毫不受他人提掇，便超出此场中矣。

◎为鼠常留饭，怜蛾不点灯。古人此点念头，是吾一点生生之机，无此，即所谓土木形骸而已。

◎世态有炎凉，而我无嗔喜；世味有浓淡，而我无欣厌。一毫不落世情窠臼，便是一在世出世法也。